우리 모두가 알고 지켜야 할 유엔아동권리협약

권리랑 포옹해

일러두기

《권리랑 포옹해》는 어린이 잡지 〈개똥이네 놀이터〉에 연재한 내용을 단행본으로 묶은 것입니다.
이 책에 나오는 등장인물은 모두 〈개똥이네 놀이터〉에 연재할 때,
스스로 자기 모습을 그리고 달마다 주어진 문제에 대한 자기 생각들을 보내 준 어린이들입니다.
이 어린이들 덕분에 이 책을 만들 수 있었습니다. 참여한 어린이들 모두에게 고맙다는 인사를 전합니다.

평화 발자국 28

권리랑 포옹해

2022년 5월 5일 1판 1쇄 펴냄 | 2022년 10월 19일 1판 2쇄 펴냄

글 그림 김규정
편집 김누리, 김로미, 박은아, 이경희, 임헌 | **교정** 김성재 | **디자인** 김은미
제작 심준엽 | **영업** 나길훈, 안명선, 양병희, 원숙영, 조현정
독자 사업(잡지) 김빛나래, 정영지 | **새사업팀** 조서연 | **경영 지원** 신종호, 임혜정, 한선희
인쇄와 제본 (주)상지사P&B

펴낸이 유문숙 | **펴낸 곳** (주)도서출판 보리 | **출판 등록** 1991년 8월 6일 제9-279호
주소 (10881) 경기도 파주시 직지길 492 | **전화** 031-955-3535 | **전송** 031-950-9501
누리집 www.boribook.com | **전자우편** bori@boribook.com

ⓒ김규정, 2022

이 책의 내용을 쓰고자 할 때는, 저작권자와 출판사의 허락을 받아야 합니다.
잘못된 책은 바꾸어 드립니다.
값 13,000원

보리는 나무 한 그루를 베어 낼 가치가 있는지 생각하며 책을 만듭니다.

ISBN 979-11-6314-240-9 73330

제품명: 도서 제조자명: (주) 도서출판 보리 주소: (10881) 경기도 파주시 직지길 492 전화번호: (031) 955-3535 제조년월: 2022년 10월 제조국: 대한민국 사용연령: 8세 이상
주의사항: 책의 모서리가 날카로우니 다치지 않게 주의하세요. KC 마크는 이 제품이 공통안전기준에 적합하였음을 의미합니다.

우리 모두가 알고 지켜야 할 유엔아동권리협약

권리랑 포옹해

김규정 글 그림

보리

이 책을 읽는 어린이들에게

누구도 빼앗지 못할 우리의 권리

오준(세이브더칠드런 이사장, 전 유엔대사)

여러분은 '인권'이라는 말을 들어 보았나요? 인권은 사람이 가지는 기본 권리를 말합니다.
'누구나 태어날 때부터 자유롭고 평등하다'

이 말은 1948년 채택된 세계인권선언 첫 줄에 있는 말입니다. 사람이라면 누구나 똑같은 권리를 가진다는 뜻입니다. 하지만 우리 사회에는 인권을 제대로 누리지 못하는 사람들이 있습니다. 대체로 나이가 어리거나, 가난하거나, 장애가 있거나 하는 것처럼 힘이 약한 사람들입니다. 의견을 말해도 무시당하거나 차별받기 일쑤지요.

여러분은 아동한테도 권리가 있다는 걸 알고 있나요? 바로 '아동권리'라고 한답니다. 세계에서 가장 큰 국제기구인 유엔은 중요한 인권협약 아홉 개를 만들었어요. 여성, 장애인, 소수인종, 이주노동자와 같은 사회적 약자를 보호하기 위한 것이지요. 그 가운데 하나가 1989년에 채택된 아동권리협약이에요.

우리나라도 1991년에 이 협약에 가입했고, 지금은 전 세계 196개 나라에서 가입했어요. 현재는 여러 인권협약 가운데 가장 많은 나라에서 가입한 협약이지요. 아동권리협약이 중요한 까닭은 아동을 보호가 필요한 미성숙한 존재로 여기지 않고 권리를 가진 평등한 사람으로 보게 되었다는 것이에요.

우리나라도 정부나 학교는 물론, 여러 아동단체들을 통해 아동권리협약을 실천하기 위한 노력을 이어 가고 있어요. 하지만 아직도 '아동권리'를 제대로 실현하기에는 모자란 부분들이 많습니다. 사회 곳곳에서 아동학대가 벌어지고 있고, 학생들은 학업에 대한 지나친 부담

을 안고 있습니다. 때문에 우리나라 아동의 행복지수는 아주 낮은 수준입니다.

국제적으로는 전에 없는 전염병 사태와 기후변화, 분쟁 같은 재난으로 아동에게 필요한 기본 권리조차 제대로 지켜지지 못하는 상황입니다. 특히 전쟁 지역 어린이들이 얼마나 큰 고통을 받는지는 짐작조차 하기 어렵습니다.

이런 가운데 《권리랑 포옹해》가 출간되는 것은 매우 뜻깊게 다가옵니다. 더군다나 2022년은 우리나라에서 '어린이날'이 선포된 지 100주년 되는 해이기도 해서 더욱 그렇습니다. 아동이 안전한 환경에서 건강하게 자랄 수 있도록 하기 위해 우리 모두가 함께한 약속인 '아동권리'를 실천하는 일에 관심 있는 분들이라면 누구나 읽어 보길 권합니다.

무엇보다 아동이 스스로 자기 권리를 또렷하게 알고, 내 권리와 다른 사람의 권리를 함께 존중하는 세상을 만들어 가길 바랍니다.

어린이 여러분, 우리에겐 권리가 있습니다. 이 권리는 누구도 빼앗지 못합니다.

자, 그럼 지금부터 어떤 권리가 있는지 샅샅이 파헤쳐 볼까요?

차례

이 책을 읽는 어린이들에게
누구도 빼앗지 못할 우리의 권리 – 오준(세이브더칠드런 이사장, 전 유엔대사) • 4

 1화 **유엔아동권리협약이 뭘까?** • 8

 2화 **차별은 안 돼** • 12

 3화 **어린이를 가장 먼저** • 16

 4화 **엄마 아빠가 할 일** • 20

 5화 **건강할 권리** • 24

 6화 **국적과 신분** • 28

 7화 **엄마 아빠와 함께 살기** • 32

 8화 **우리 의견을 존중해 주세요** • 36

 9화 **다르지만 자유롭게** • 40

 10화 **보호받아야 할 우리** • 44

 11화 **우리가 원하는 정보** • 48

 12화 **보호받을 권리** • 52

 13화 **어린이가 안전한 사회** • 56

 14화 **새로운 보금자리** • 60

 15화 **쉬고 놀 권리** • 64

 16화 **난민 아동의 권리** • 68

 17화 **장애 아동의 권리** • 72

 18화 **배움의 방향** • 76

 19화 **초콜릿과 축구공** • 80

 20화 **소년병 이야기** • 84

 21화 **어린이와 법** • 88

 22화 **유엔아동권리협약을 알리자** • 92

작가의 말
얘들아, 우리에겐 권리가 있어! –김규정 • 96
유엔아동권리협약 전문 • 98

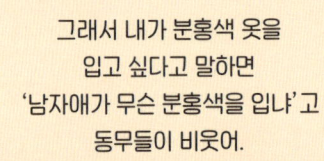

제3조 아동을 가장 먼저

법을 만드는 일을 비롯해 아동에 관한 일을 정할 때는 무엇이 아동에게 가장 좋은지를 생각하고 시행해야 한다.

제4조 정부가 할 일

정부는 아동의 권리를 지켜 주기 위해 필요한 모든 일을 해야 한다.

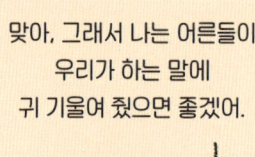

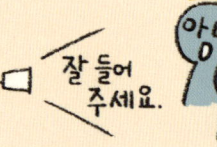

제5조 보호자가 할 일

아동을 돌보는 부모나 어른들은 아동의 능력이나 발달 정도를 잘 헤아려서 거기에 맞게 아동을 돌볼 책임이 있다.

어린이들이 배우고 싶은 것이 있다면 배울 수 있어야 해. 그때 배우는 건 우리 눈높이에 맞아야 하고.

그리고 우리가 건강하게 자랄 수 있도록 영양소가 고루 갖춰진 음식을 먹고 운동도 할 수 있어야 해.

제18조 부모의 책임

엄마 아빠, 부모 모두는 아동을 기르는 일에 최선을 다해야 한다. 정부는 부모나 다른 어른들이 아동을 잘 돌볼 수 있도록 도와주어야 하며, 특히 일하는 부모를 돕기 위해 노력해야 한다.

부모님이 돈이 많고 적은 것에 상관없이 아이들이 잘 자랄 수 있도록 정부가 도와야 해. 특히 아침 일찍 일터에 나가 저녁 늦게 돌아오는 부모들을 위해 정부가 나서야 해.

일하는 시간을 줄이고, 경제적으로 안정된 생활을 할 수 있도록 해야겠지? 그래야 부모님들이 우리와 보내는 시간이 많아질 테니까 말이야.

엄마 아빠만 우리를 돌보면 된다고 생각했는데 그게 아니었네.

방울토마토가 우리고, 우리가 방울토마토였어.

맞아, 우리는 건강한 방울토마토가 될 권리가 있어!

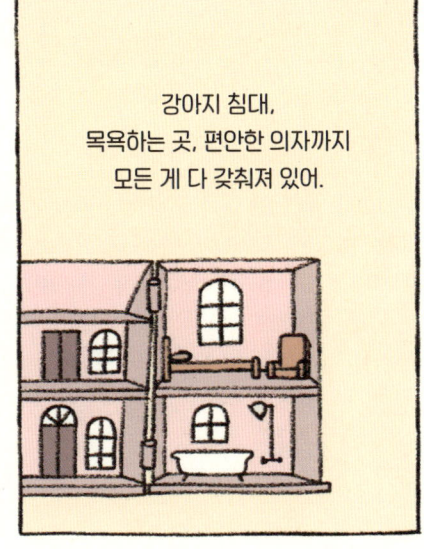

* 세월호 참사: 2014년 4월 16일, 전남 진도군 부근 바다에서 여객선 세월호가 침몰한 사고로 희생자 가운데 대부분은 제주도로 수학여행을 떠난 학생이었습니다.

제6조 생존과 발달
국가는 아동의 생존과 발달을 최대한 보장해야 한다.

제24조 건강권
아동이 건강하게 살아가기 위해 전문적인 치료와 보살핌을 받을 수 있어야 한다.
국가와 어른은 아동이 아프지 않도록 먹이고 보살피는 데 최선을 다해야 한다.

우리는 보호받으며 건강하게 자라야 해.

그러려면 방사능과 온갖 유해 물질로부터 안전한 먹을거리를 먹고 아플 때 치료와 보살핌을 받아야 하지.

제26조 사회보장
아동은 사회보장제도의 혜택을 누릴 권리가 있다.
국가는 아동이 특별한 어려움에 놓여 있는지 살피고 필요한 사회보장제도를 마련하기 위해 힘써야 한다.

제27조 적절한 생활수준
보호자가 아동의 먹을 것, 입을 것, 살 곳을 마련할 수 있도록 국가가 도와주어야 한다.

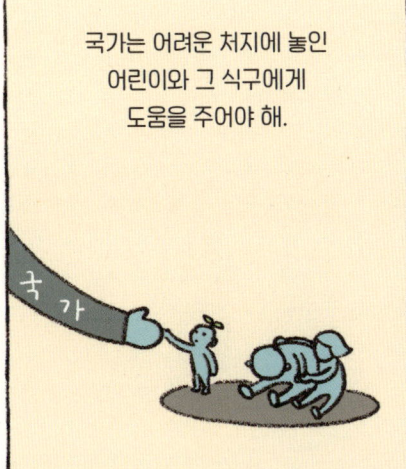

국가는 어려운 처지에 놓인 어린이와 그 식구에게 도움을 주어야 해.

먹고사는 것뿐만 아니라 책, 공연, 영화, 여행과 같은 여러 가지 문화를 누리며 살 수 있도록 도와주어야 하는 거지.

우리한테 이런 권리도 있었네. 몰랐어.

그러고 보니 강아지 이름으로 '우리' 어때?

와! 좋다.

'우리' 모두 행복하자.

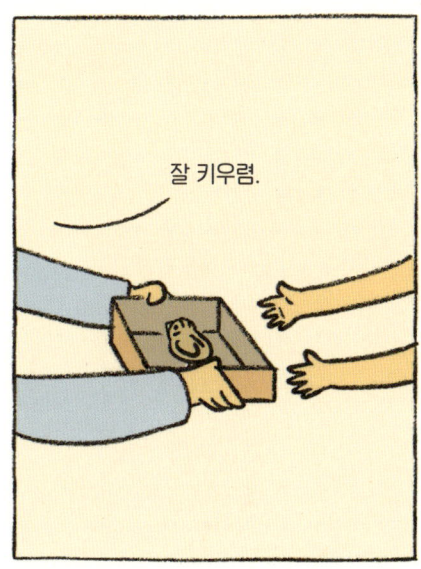

생각만 해도 슬퍼. 가끔 텔레비전에서 다른 나라로 입양된 사람들이 자기를 낳아 준 부모를 찾는 이야기가 나오잖아. 내가 누구인지 알고 싶을 거야.

맞아, 부모가 누구고, 어떤 나라에서 태어나 어떤 사회의 구성원으로 살아가는지 아는 것은 참 중요해.

우리는 모두 이름을 갖고 부모가 누구인지 알고 보살핌을 받아야 해. 이 권리를 위해 국가는 어떤 일을 해야 할까?

난 전쟁을 하지 않고 평화로운 나라를 만드는 게 가장 중요한 일이라고 생각해.

전쟁이 나면 부모, 형제와 헤어질 수도 있고, 내가 살던 나라가 없어질 수도 있잖아. 그럼 내 국적도, 신분도 잃게 될 거야.

나는 장애가 있는 사람을 배려해야 한다고 생각해. 장애 때문에 부모와 헤어져서 자기가 누구인지 알지 못하고 살아가는 경우도 있으니까 말이야.

이들이 정당한 자기 권리를 누릴 수 있게 국가는 더 열심히 도와야 해.

소빈이랑 예랑이 멋지다. 나는 미처 생각하지 못한 것들인데…….

자, 그럼 유엔아동권리협약에 이와 관련한 조항은 어떤 것이 있는지 알아볼까?

제7조 이름과 국적

아동은 이름을 가질 권리가 있다. 자기를 낳아 준 부모가 누구인지 알고, 부모에게 보살핌을 받아야 한다. 또 국적을 갖고 나라의 보살핌을 받을 권리가 있다.

우리는 이름을 가지고,

엄마 아빠의 보살핌을 받고, 나라의 구성원으로서 보호받으며 살 권리가 있어!

제8조 신분 되찾기

아동이 이름과 국적, 가족에 대한 정보를 빼앗겼다면 정부는 이를 되찾을 수 있도록 도와주어야 한다.

우리의 소중한 개인 정보를 다른 사람들에게 빼앗기게 된다면

국가는 우리를 보호하고 이 문제를 해결해 줘야 해.

우리가 아기 꿩에게 '꺼병이'라는 이름을 되찾아 준 것처럼

우리가 한 사회에서 스스로를 잊지 않고 살아갈 수 있도록 국가가 힘을 기울여야 해.

우린 아직 보살핌이 필요한 새끼 꿩들이니까.

제9조 부모와 이별

부모가 아동을 해치거나 아동을 보살피지 못하는 상황이 아니라면 아동은 부모와 헤어져서는 안 된다.
또 부모와 헤어져 살아야 하더라도 아동이 원한다면 엄마 아빠 모두를 만날 권리가 있다.

가정 폭력처럼 아동을 위험한 환경에서 분리시켜야 하는 경우를 빼고는

우리가 원하면 언제든 엄마 아빠를 만날 수 있어야 해.

제10조 가족과 재결합

어린이가 부모와 떨어져 다른 나라에서 살게 된다면 부모에게 돌아가 같이 살 수 있도록 정부가 지원해야 한다.

전쟁 같은 까닭으로 내 의지와 상관없이 엄마 아빠와 헤어져 다른 나라에 살게 된다면

엄마 아빠와 함께 살 수 있도록 정부가 지원해야 한다.

길 잃은 새끼 고양이가 엄마 고양이 품으로 무사히 돌아간 것처럼

우리들한테 가장 중요한 건 엄마 아빠의 따뜻한 품이 아닐까?

어른이 될 때까지 그 품속에서 건강하게 잘 자랄 수 있도록 도와주세요.

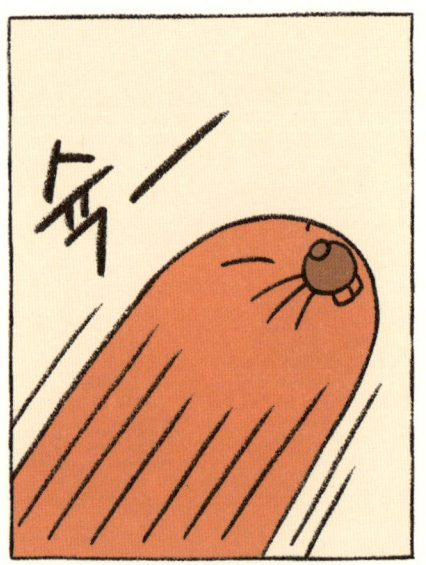

모둠에서 동무들하고 의견을 나눌 때였어.

내 생각을 말하니까 어떤 동무가 나더러 틀렸다고 하는 거야.

틀린 게 아니라 의견이 다른 것뿐인데……. 그 말에 마음이 상했어.

나는 어서 빨리 남과 북이 통일되면 좋겠다고 말했는데 어른들이 그런 말을 하는 사람들은 북한을 좋게만 본다는 거야.

전쟁하지 않고 평화롭게 살면 좋겠다는 생각에서 말한 건데 내 말뜻은 묻지도 않고 자기 생각대로 판단해 버리는 게 슬펐어.

유튜브에서 수박을 파란색으로 칠하는 아이한테 "파란 수박이 어디 있어? 이건 아니야." 라고 말하는 어른을 봤어.

그 아이는 시원한 수박의 느낌을 표현하고 싶었던 게 아닐까? 그런데 원래 수박 색이 아니라는 까닭만으로 틀렸다고 말하는 어른들 모습에 속상했어.

생각을 자유롭게 표현한 것뿐인데 틀렸다는 소리를 듣고 무시당한 거구나. 그러고 보니 나도 그런 일을 겪은 적이 있어.

그래서 우리 생각을 자유롭게 표현할 권리에 관한 유엔아동권리협약 조항이 있어.

제12조 의견 존중

아동이 살아가는 데 영향을 주는 문제를 결정할 때 아동은 의견을 자유롭게 말할 권리가 있다. 어른들은 아동의 의견을 진지하게 받아들여야 한다.

우리는 우리 문제에 대해 충분히 생각할 줄 알아요. 어린이들이 자기 문제에 대해 자유롭게 말할 수 있는 권리를 국가에서 보장해 주세요.

제13조 표현의 자유

아동은 말과 글, 예술 활동 또는 여러 매체를 통해 모든 정보와 생각을 요청하고 주고받고 표현할 권리가 있다. 하지만 다른 사람의 권리나 공공질서를 해치지는 않아야 한다.

우리는 여러 수단을 통해 우리 생각을 표현할 수 있어.

그렇지만 내 행동이 다른 사람의 권리를 해치지 않는지 항상 잘 살펴야 해.

우리도 이 사회의 구성원이기 때문이지.

얘들아, 우리에게 권리가 있어!

한 사람 한 사람이 가진 의견 모두가 소중해.

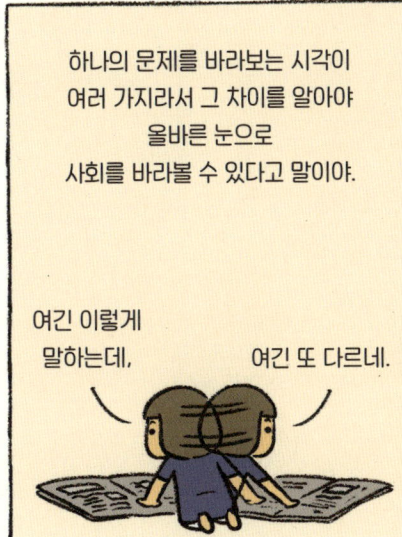

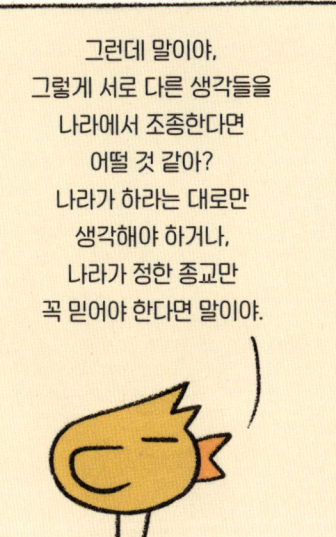

제14조 사상, 양심, 종교의 자유

아동에게는 자유롭게 생각하고 양심에 따라 행동하며 원하는 종교를 가질 권리가 있다. 아동을 돌보는 어른들은 어린이가 이 권리를 누릴 때 무엇이 옳고 그른지 배울 수 있도록 아동을 도와야 한다.

다른 생각이나 종교를 가졌다고

감옥에 가거나 처벌을 받는 건 이치에 맞지 않아.

파란 생각은 안 돼!

제15조 모일 자유

아동에게는 모일 자유가 있고, 다른 사람들과 모임을 만들고 평화로운 방법으로 모임을 열 권리가 있다. 물론 다른 사람에게 해를 끼치기 위한 모임을 만들면 안 된다.

누구나 평화롭게 자기 생각을 표현할 수 있어.

하지만 그것이 다른 사람들을 아프게 만드는 것이어서는 안 돼.

우리 생각과 행동에 대한 자유를 담은 유엔아동권리협약이 있어 마음이 놓여. 하지만 어른들이 지켜야 하는 거잖아.

그래서 어른들한테 꼭 할 말이 있어.

얼굴을 가리지 않고서도 떳떳하고 자유롭게 생각하고 행동할 수 있는 사회를 만들어 주세요.

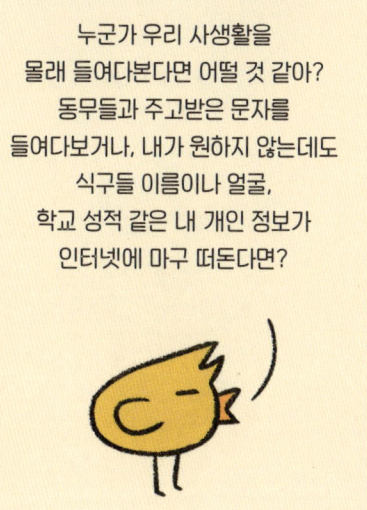

제16조 사생활 보호

아동은 사생활과 가족, 가정 또는 통신에 대해 불법적인 간섭을 받지 않고 법적인 보호를 받을 권리가 있다.
아동이 주고받는 편지나 전화 통화들을 함부로 엿보거나 들어서는 안 된다.

제17조 유익한 정보

아동은 신문, 방송, 잡지, 책 들을 통해 아동에게 유익하고 필요한 정보를 나라 안팎에서 얻을 권리가 있다. 정부는 아동에게 도움이 되는 책이 많이 나올 수 있도록 힘써야 하고, 소수 언어를 쓰는 아동에게 특별한 관심을 기울여야 한다.

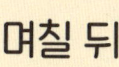

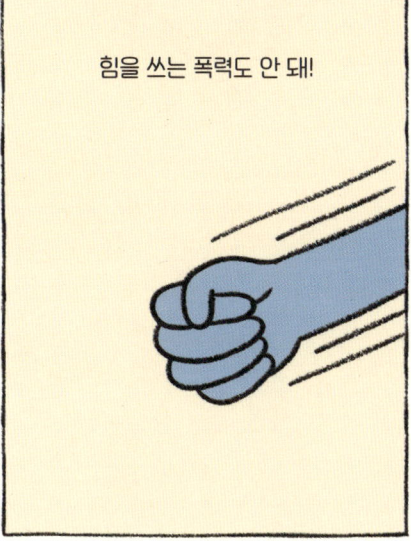

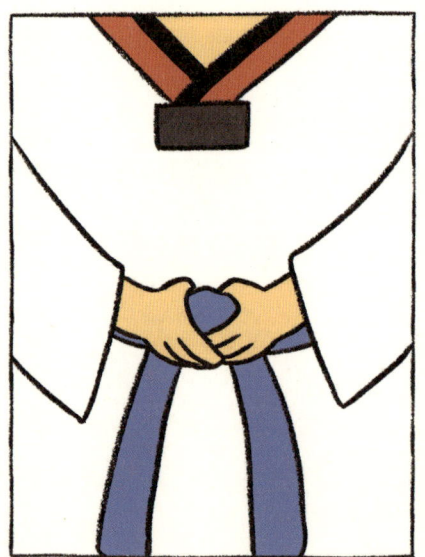

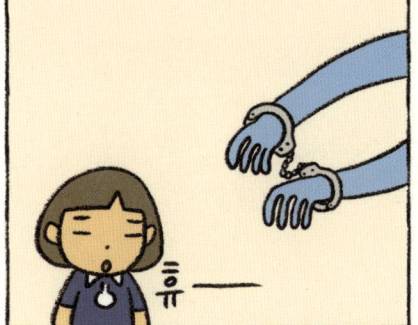

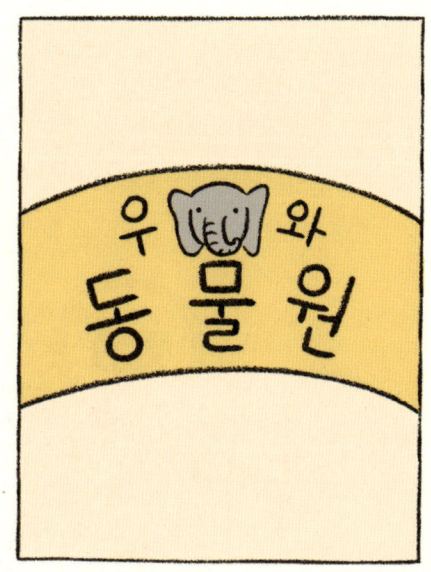

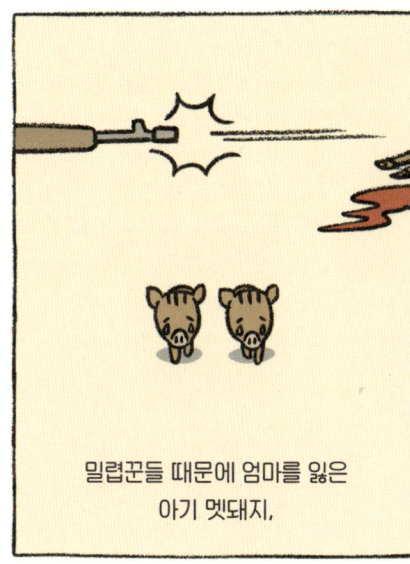

밀렵꾼들 때문에 엄마를 잃은 아기 멧돼지,

엄마 원숭이가 아파서 보살핌을 못 받은 아기 원숭이,

사나워진 엄마 사자를 피해야만 했던 아기 사자,

저 개는 그렇게 모인 아기 동물들의 엄마가 된 거야.

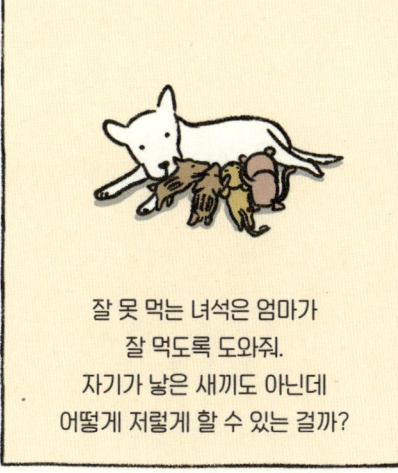

잘 못 먹는 녀석은 엄마가 잘 먹도록 도와줘. 자기가 낳은 새끼도 아닌데 어떻게 저렇게 할 수 있는 걸까?

사랑 아닐까? 억지로는 할 수 없는 일이잖아. 나도 저 아기 동물들과 비슷해. 나를 낳아 준 엄마와 기르는 엄마가 달라.

동물들도 저렇게 잘 어울려 사는데 사람들은 왜 우리에게 '입양아'라는 꼬리표를 붙이고 다르게 보는지 모르겠어.

라디오에서 어떤 사람이 입양 부모를 '양부모'라고 불러서 기분이 나빴어. 나한테는 그냥 엄마고 아빠인데.

내가 입양됐다고 이야기할 때 우리 가족을 다른 가족과 같은 보통 가족으로 여기면 좋겠어.

제20조 부모의 보호를 받을 수 없는 아동 보호

부모가 없거나 부모와 같이 사는 것이 안전하지 않을 때, 아동은 특별한 보살핌과 도움을 받을 권리가 있다. 정부는 아동이 여기저기 옮겨 다니며 살지 않도록 해야 하고 아동이 쓰는 말이나 종교, 문화들이 비슷한 환경에서 보살핌을 받을 수 있도록 해야 한다.

제21조 입양 아동 보호

아동이 다른 가정으로 입양될 때 어른들은 아동에게 가장 좋은 쪽으로 모든 일을 선택해야 한다. 아동의 입양은 믿을 만한 정부 기관에서 관리하고 감독해야 한다.

제25조 시설 아동 보호

아동이 보살핌이나 치료를 받기 위해 시설에 맡겨진 경우, 정부는 아동이 제대로 보살핌과 치료를 받고 있는지 살펴야 할 책임이 있다.

입양되거나 다른 환경에서 살아가야 하는 아이들이 새로운 보금자리를 찾을 때 가장 중요한 것은

그 아이들이 가진 생각과 의견이다.

"제 생각은요."

그다음은 꾸준한 관심과 보살핌이다.

"새로운 보금자리로 가거나 새로운 가족을 꾸리는 것에 대해 많이 생각해 보게 됐어."

"맞아. '나라면 어떨까?' 하는 생각을 많이 해 본 시간이었어."

"편견을 가지고 보지 말고 다양성에 대한 존중과 사랑이 더 필요해요."

제22조 난민 아동

아동이 전쟁이나 자연재해와 같은 일로 피난을 떠난 경우, 아동은 나라로부터 특별한 보호와 도움을 받을 권리가 있다. 가족과 헤어졌다면 가족을 찾는 데 필요한 도움을 받아야 한다.

 난민이 된 아동은 특별한 보호와 도움을 받을 권리가 있어.

 가족과 떨어졌다면 다시 가족의 품으로 돌아갈 수 있도록 도움받아야 하지.

 그러고 보니 우리나라도 6·25 전쟁을 겪었잖아.

 우리도 전쟁 때문에 난민이 많이 생겨났지.

 그때 다른 나라들이 많이 도와줬어.

 요즘만 보더라도 잦아지는 지진 때문에 원래 살던 곳을 떠나야만 하는 사람들이 생겨나고 있지.

 이렇게 듣고 보니 난민은 남의 일이 아닌 바로 우리 일이기도 하구나.

 난민과 난민 아이들에게 더 많은 관심과 도움을 주세요.

제23조 장애 아동

몸이나 마음에 장애가 있는 아동은 존엄과 자립, 사회와 함께하는 삶을 위해 특별한 보살핌과 교육을 받을 권리가 있다. 정부는 장애 아동을 돌보는 부모나 보호자에게 필요한 지원을 해 주어야 한다.

장애가 있더라도 다른 아이들처럼 자랄 수 있도록 보살핌을 받을 권리가 있어.

그리고 장애 어린이를 돌보는 부모나 보호자에게 필요한 지원을 해 주어야 해.

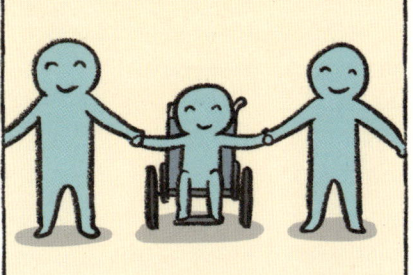

장애를 마치 남 일처럼 이야기하지만 사실 누구나 장애를 갖게 될 수 있어.

그러니 장애인과 비장애인이 함께 어우러져 사는 사회를 만드는 건 바로 우리 일이기도 해.

맞아, 그리고 장애인을 돌보는 가족들에 대한 관심과 지원도 꼭 필요하다는 걸 알았어.

더 이상 장애인을 가족으로 둔 사람들이 무릎 꿇는 일이 생겨선 안 되겠지?

그러려면 누구보다 먼저 장애인과 그 가족들 말에 귀 기울여 줘야 해.

우리는 누구나 똑같이 놀고 배우고 싶은 평등한 존재이니까.

제28조 교육받을 권리

아동은 교육을 받을 권리가 있다. 초등교육은 의무이고 무상이어야 하며, 더 높은 수준의 교육도 무상으로 받을 수 있도록 힘써야 한다. 학교는 아동의 권리를 해치는 규칙을 함부로 만들어서는 안 된다.

학교를 통한 교육의 기회는 평등해야 해.

하지만 학교가 아동의 권리를 해치는 규칙을 만들어서는 안 돼.

제29조 배움의 목적

아동이 교육을 받는 것은 아동이 지닌 사람됨, 재능, 정신적·신체적 능력을 마음껏 일깨우기 위해서이다. 또한 아동은 교육을 통해 자유로운 사회에서 다른 사람들의 권리를 이해하고, 자연을 아끼며, 책임질 줄 알고, 평화롭게 살아가는 법을 배워야 한다.

우리가 교육을 받는 건 스스로를 이해하고 재능을 발견하기 위해서야.

그리고 사람과 자연이 어울려 평화롭게 살아가는 법을 배우기 위해서지.

배움의 기회는 평등하고 배움의 종류는 다양했으면 좋겠어.

그래야 자기가 어떤 사람인지 알아 가는 공부를 재미있게 할 수 있을 테니까.

경쟁하고 비교하는 교육 말고 한 사람 한 사람을 비추는 교육을 해 주세요!

제32조 아동 노동

아동은 위험하거나, 건강을 해치거나, 교육을 받는 데 방해가 되는 일을 하지 않도록 보호받아야 한다. 정부는 최저 노동 연령과 노동 시간, 노동 조건 규정을 마련하고 이를 어길 경우 처벌해야 한다.

어린이한테는 건강과 교육이 먼저야.

만약 건강과 교육이 보장되는 상황에서 아동이 노동을 하고 있다면 반드시 정당한 대가를 받아야 해.

제36조 착취

정부는 어떤 방식으로든 아동을 해치거나 나쁜 목적으로 이용하는 일이 일어나지 않도록 해야 한다.

정부는 어린이를 나쁜 목적으로 이용하는 일이

일어나지 않도록 해야 해.

어른들은 왜 아동 노동을 보고만 있는 거지? 이제 축구할 때마다 기분이 이상할 것 같아.

우리와 아주 다른 삶을 살아가는 아이들이 있다는 걸 지금이라도 알게 되어서 다행이야.

세계 곳곳에서 힘들게 일하는 모든 아이들에게 관심과 도움을 주세요!

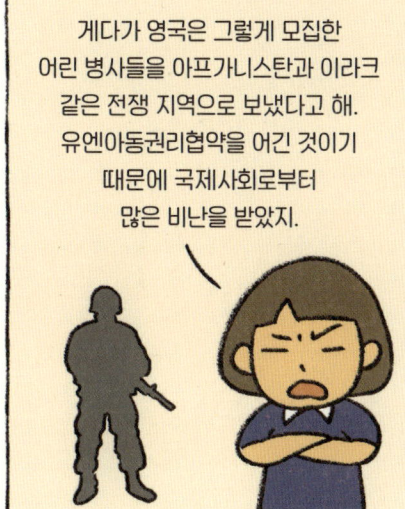

* 배심원: 법률 전문가가 아닌 일반 국민 가운데 뽑혀 재판에 참여하고 판단을 내리는 사람.

제37조 나쁜 벌
어떠한 잘못을 저지른 아동도 비인간적인 처벌을 받아서는 안 된다. 사형이나 종신형은 금지해야 한다. 아동을 감옥에 가두는 일은 최후의 방법이어야 한다. 감옥에 가두더라도 아동은 특별한 보호를 받으며 정기적으로 가족을 만날 권리가 있다.

제40조 공정한 재판
아동이 범죄를 저질렀거나 저질렀다는 의심을 받을 경우, 아동은 스스로를 변호할 권리가 있다. 경찰과 변호사와 법관은 아동을 존중해야 하고, 모든 일을 아동이 이해할 수 있게 해 주어야 한다. 재판은 공정해야 하고, 불리한 증언이나 자백을 강요하면 안 된다. 정부는 아동을 처벌하기보다 보호, 상담, 직업훈련 같은 다른 적절한 방법은 없는지 찾아보아야 한다.

제41조 더 좋은 법
이 협약에서 규정한 내용보다 아동에게 더 도움이 되는 법이 있다면, 그 법이 우선 적용되어야 한다.

우리가 잘못을 저질러 감옥에 갇히더라도 나이에 맞는 보호를 받고 가족을 만날 수 있어야 해.

재판은 공정해야 하고 불리한 증언이나 자백을 강요받아선 안 돼.

또 우리에게 더 도움이 되는 법이 있다면 그 법이 앞서 적용되어야 해.

아, 오늘 너무 어려웠어.

그렇지만 우리 생각을 정리할 수 있어서 좋았어.

너희들은 어땠어?

유엔아동권리협약이 그때부터 지금까지 잘 지켜져 왔다면 지금보다 훨씬 더 아이들이 살기 좋은 세상이 되었을 텐데…….

어떻게 하면 더 많은 아이들에게 유엔아동권리협약을 알리고 어른들이 협약을 실천하도록 할 수 있을까?

정부에서 유엔아동권리협약 책을 만들어 널리 알리는 건 어떨까? 그걸 집마다 한 권씩 나눠 주는 거야.

맞아, 많은 사람들에게 알리는 건 국가가 맡아서 해 주면 좋겠어.

텔레비전 공익광고도 찍고 포스터도 많이 만들어서 사람들에게 알리면 어떨까?

모든 휴대전화에 유엔아동권리협약 내용을 담은 앱을 깔고 휴대전화를 팔면 어떨까?

그래서 유엔아동권리협약에는 이런 내용도 있어.

제42조 알려야 할 의무

국가는 어른과 어린이, 청소년 모두에게 적극적이고 알맞은 수단으로 이 협약의 원칙과 규정을 널리 알릴 의무를 진다.

작가의 말

얘들아, 우리에겐 권리가 있어!

〈아기 공룡 둘리〉는 어린 시절 내가 가장 좋아하는 만화였어. 둘리와 함께 도우너, 또치, 희동이, 마이콜이 펼치는 우당탕탕한 하루하루를 들여다보는 건 마냥 즐거운 일이었지. 그런데 어른이 되고 난 뒤에 이런 기사를 봤어. 〈아기 공룡 둘리〉를 보며 자란 어른들 가운데, 어른이 되고 보니 고길동한테 더 마음이 가더라는 내용이었지. 나는 그 기사 내용에 크게 공감이 되지 않았어.

고길동은 〈아기 공룡 둘리〉에 나오는 캐릭터 가운데 어른을 대표하는데, 엉뚱한 사고를 일으키는 둘리와 그 친구들한테 늘 '밥이나 축내는 사고뭉치'라고 구박하거든. 그때는 그런 상황이 마냥 웃기고 재미있었지만 돌이켜 곰곰 생각해 보니, 내가 둘리를 좋아했던 까닭은 고길동의 갖은 구박에도 굴하지 않고 꿋꿋하게 자기 말을 하던 모습이 멋져 보였기 때문이었어. 그런 둘리한테 나를 비추어 보았던 거지. 그때나 지금이나 아이들은 늘 고분고분 어른 말을 따라야 한다고 교육받아 왔으니까 말이야.

중, 고등학교 시절은 어땠냐고? 그때 선생님과 어른들한테 가장 많이 들었던 말이 뭔지 알아? "대학 가면 해.", "대학 가서 실컷 해."였어. 지금도 크게 달라진 것 같진 않지만, 대학 가기 전에는 제대로 된 사람으로 존중받지 못하던 때였지. 우린 또 그걸 당연하게 여겼어. 대학을 가고 어른이 되어야 비로소 사람으로 존중받을 기본 조건 하나가 갖추어지는 줄 알았지. 나머지 조건은 수업 시간에 달달 외우다시피 한 '국민의 4대 의무'를 완수해야만 이뤄진다고 생각했어. 그건 교육의 의무, 국방의 의무, 납세의 의무, 노동의 의무였어. 아무도 우리한테 유엔아동권리협약과 같은 것이 있다고 알려 준 적이 없어. 나 또한 이 작업을 하면서 알게 되었으니까.

'유엔아동권리협약'을 처음 읽고 난 기분이 어땠는 줄 알아? 처음엔 그저 놀랐어. 이미 오

래전에 만들어졌고 우리나라도 함께하겠다고 약속해서 우리 법 테두리 안에 녹아들어 있다는 게 놀라웠어. 그러고 나서 든 기분은 배신감이었어. 어린 시절의 내가 불쑥 튀어나와 울고 있는 것만 같았지. 우리 사회에서 아이들은 요구하면 안 되는 존재였던 거야. 어른들 말을 묵묵히 따르고 국가를 위해 언제든지 이 한 몸 던질 각오가 돼 있는 사람으로 길러 내는 것이 우리 교육의 목표였으니까.

그렇게 아무것도 몰랐던 나 같은 어른이 너희들에게 이 협약에 대해 이야기하고자 마음먹은 건, '나와 같은 아이들을 또 만들어 내지 말자' '당당하게 자기 권리를 요구하는 아이들을 키워 내는 데 조금이라도 보탬이 되자' 하는 바람이었어.

그럼에도 이야기를 만들면서 고민이 많았어. '아무것도 바꿔 내지 못한 어른이 무슨 자격으로 아이들에게 이걸 알려 주고 있지?' 라는 물음과 함께 '얘들아, 이런 이런 건 잘못된 것들이야. 몰랐지? 우리가 가르쳐 줄게' 라는 태도로 비춰질까 봐 그게 가장 걱정됐어.

그냥 너희들이 살아가다가 나는 잘못됐다고 생각하는데 둘레 사람들은 그것을 문제 삼지 않을 때, 그때 '그거 문제 맞아'라고 넌지시 손잡아 주는 정도면 좋겠다고 생각했어. 그게 부끄러운 어른으로서 너희들에게 할 수 있는 작은 연대일 테니까. 이 책을 만든 것도 그런 까닭에서야.

만약에 지금 다시 둘리와 친구들을 만난다면 너희에게는 아동으로서 누려야 할 정당한 권리가 있다고 말해 주고 싶어. 그리고 그 곁에 어린 시절의 내가 있겠지. 그럼 나는 지금의 너희들과 어깨를 나란히 걸고 세상을 향해 당당히 이렇게 말할 거야.

"얘들아, 우리에겐 권리가 있어!"

김규정

# 유엔아동권리협약 전문

1조 아동의 정의
아동이란, 18세 미만의 모든 사람을 의미합니다.

2조 차별하지 않기
어떤 이유로도 아동을 부당하게 대우해선 안 됩니다. 모든 아동은 그들이 누구이든지 사는 곳, 언어, 종교, 생각, 외모, 성별, 장애 여부, 경제적 상황, 부모나 가족의 배경에 관계없이 모든 권리를 동등하게 가집니다.

3조 아동의 이익을 최우선으로
아동을 위한 결정을 할 때, 어른들은 그 결정이 아동에게 미치는 영향에 대해 충분히 생각하고 아동에게 최선이 되는 행동을 해야 합니다. 정부는 아동이 부모나 보호자의 보호와 보살핌을 받도록 보장하고, 아동을 돌볼 책임이 있는 보호자나 기관이 역할을 다하고 있는지 확인해야 합니다.

4조 일상에서 누리는 권리
정부는 모든 아동이 협약에 담긴 권리를 충분히 누리도록 가능한 모든 일을 해야 합니다.

5조 가족의 역할
모든 아동은 성장 과정에서 가장 이상적으로 권리를 누리는 방법을 배울 수 있어야 합니다. 정부는 가족과 지역사회가 아동에게 이를 잘 지도할 수 있도록 지원해야 합니다.

6조 생존과 발달
모든 아동은 생존할 권리가 있습니다. 정부는 아동이 생존하고 발달할 권리를 최대한 누리도록 보장해야 합니다.

7조 이름과 국적
모든 아동은 태어나자마자 정부의 공식적인 절차를 거쳐 출생 신고가 되어야 합니다. 아동은 국적을 가져야 하며, 가능한 한 부모가 누구인지 알고, 부모의 돌봄을 받아야 합니다.

8조 신분 보호
아동에게는 이름, 국적, 가족 관계 등의 신분을 확인할 수 있는 공식 기록이 있어야 합니다. 누구도 아동으로부터 공식적인 신분을 빼앗을 수 없으며, 그런 일이 벌어진 경우에는 아동의 신분을 되찾을 수 있도록 정부가 도와야 합니다.

9조 가족은 늘 함께
부모가 아동을 학대하거나 방임하는 등 제대로 돌보지 않는 경우가 아니라면 아동은 부모와 함께 살아야 합니다. 아동이 부모와 떨어져 사는 경우에도 아동에게 해가 되지 않는 한 부모와 계속 연락할 수 있어야 합니다.

10조 다른 나라에 사는 부모님 만나기
아동이 부모와 다른 나라에 살고 있다면 정부는 아동과 부모가 만나 함께 지낼 수 있도록 다른 나라로 이동하는 것을 허가해야 합니다.

11조 납치로부터 보호
정부는 누군가가 아동을 납치하거나 한쪽 부모가 다른 쪽 부모의 허락 없이 일방적으로 아동을 데려가는 등 불법적인 방법으로 아동을 외국으로 데려가지 못하게 막아야 합니다.

12조 아동의 의견 존중
아동은 자신에게 영향을 미치는 일에 대해 자유롭게 의견을 말할 권리가 있습니다. 어른들은 아동의 의견을 잘 듣고 중요하게 받아들여야 합니다.

13조 표현의 자유
아동은 말이나 글, 그림 등 다양한 방법으로 자신의 경험과 생각, 느낌을 자유롭게 공유할 수 있습니다. 그러나 이 과정에서 다른 사람에게 피해를 주어선 안 됩니다.

14조 생각과 종교의 자유
아동은 자유롭게 생각하고, 양심에 따라 행동하며, 원하는 종교를 가질 수 있습니다. 하지만 이러한 자유가 다른 사람의 권리를 빼앗는 결과로 이어져서는 안 됩니다. 부모는 아동이 성장 과정에서 자신의 권리를 올바르게 사용할 수 있도록 잘 지도해야 합니다.

15조 모임 만들고 참여하기
아동은 다른 사람에게 해를 끼치지 않는 한 모임이나 조직을 만들거나 가입하고, 다른 사람들과 함께 활동할 수 있습니다.

16조 사생활 보호
모든 아동은 사생활을 보호받을 권리가 있습니다. 정부는 아동의 사생활을 비롯해 가정사, 개인 공간 및 통신 기록을 법으로 보호해야 하며, 어떤 비난에 의해 아동의 명예가 훼손되지 않도록 해야 합니다.

17조 정보 접근하기
아동은 인터넷, 라디오, 텔레비전, 신문, 책을 비롯한 다양한 출처에서 정보를 얻을 권리가 있습니다. 어른들은 그와 같은 정보가 아동에게 해롭지 않은지 확인해야 합니다. 정부는 대중매체 정보가 모든 아동이 이해할 수 있는 언어로 전달되도록 권장해야 합니다.

18조 부모의 책임
부모는 아동을 기를 책임이 있으며, 부모가 없는 아동은 다른 보호자의 보살핌을 받아야 합니다. 부모와 보호자는 항상 아동을 위한 최선이 무엇일지 고민하고, 정부는 그들을 지원해 주어야 합니다. 아동을 기를 책임은 양쪽 부모 모두에게 있습니다.

19조 폭력으로부터 보호
정부는 폭력과 학대, 방치로부터 아동을 보호해야 합니다.

20조 가족이 없는 아동
아동이 가족의 돌봄을 받을 수 없는 경우, 자신의 종교, 문화, 언어 등을 존중하는 보호자의 돌봄을 받을 권리가 있습니다.

21조 입양 아동
입양을 추진할 때는 아동의 입장에서 무엇이 최선인지 확인하는 것이 가장 중요합니다. 아동이 태어난 나라에서 제대로 보살핌 받으며 자랄 수 없는 경우에는 다른 나라로 입양할 수 있습니다.

22조 난민 아동
난민 아동과 같이 안전을 위해 자신이 태어난 나라를 떠나 다른 나라로 이동한 아동은 특별한 도움과 보호를 받아야 하며, 지금 사는 나라의 아동과 같은 권리를 가집니다.

23조 장애 아동

장애 아동은 사회에서 가능한 한 최선의 삶을 누릴 수 있어야 합니다. 정부는 장애 아동이 독립적이며 적극적으로 지역사회에 참여하는 것을 방해하는 모든 장애물을 없애 주어야 합니다.

24조 영양과 건강, 환경

아동은 가능한 한 최고의 의료 서비스를 받으며 깨끗한 식수를 마시고 건강에 좋은 음식을 먹으며 쾌적하고 안전한 환경에서 살아갈 권리가 있습니다. 모든 어른과 아동은 안전하고 건강한 생활에 필요한 정보를 얻을 수 있어야 합니다.

25조 시설 아동 실태 조사

아동의 건강과 보호를 위해 아동을 집이 아닌 다른 시설이나 가정 등에 머물게 했다면 정부는 그곳이 아동에게 가장 적합한 곳인지, 아동이 잘 지내고 있는지 정기적으로 조사해야 합니다.

26조 사회 경제적 지원

정부는 빈곤 가정의 아동을 돕기 위해 현금 지원이나 그 밖의 필요한 지원을 해야 합니다.

27조 음식, 옷, 안전한 집

아동은 잘 먹고 잘 입으며 안전한 공간에서 살 권리가 있습니다. 아동은 이러한 권리로 최선의 성장을 할 수 있습니다. 정부는 기본적인 의식주를 누리지 못하는 아동과 가족을 도와야 합니다.

28조 교육

모든 아동은 교육받을 권리가 있습니다. 초등교육은 무료로 제공돼야 하며, 모든 아동에게 중등교육과 고등교육의 기회가 주어져야 합니다. 가능한 한 더 높은 수준의 교육도 받을 수 있어야 합니다. 학교 규칙은 아동의 권리를 존중해야 하며, 어떤 경우에도 폭력이 허용돼서는 안 됩니다.

29조 교육의 목적

교육은 아동의 특성과 재능, 능력 계발을 지원해야 합니다. 아동은 교육을 통해 자신의 권리를 이해하고 타인의 권리와 문화, 차이를 존중하는 법을 배웁니다. 또한 교육은 아동이 평화의 가치를 지키고 환경을 보호하는 삶을 사는 데 도움을 주어야 합니다.

30조 소수 문화, 언어와 종교

소수 민족 아동은 대다수 국민이 공유하지 않는 자신만의 고유 언어와 문화, 종교를 가지고 누릴 권리가 있습니다.

31조 여가, 놀이, 문화, 예술

모든 아동은 충분히 쉬고 놀며, 문화와 창작 활동에 참여할 권리가 있습니다.

32조 위험한 노동으로부터 보호

아동은 위험하거나 교육, 건강 또는 성장에 방해되는 노동으로부터 보호받을 권리가 있습니다. 노동하는 아동에게는 정당한 임금을 지급해야 합니다.

33조 해로운 약물로부터 보호

정부는 아동이 해로운 약을 먹거나, 이를 만들고 운반하고 판매하는 일에 관련되지 않도록 보호해야 합니다.

34조 성 착취로부터 보호

정부는 성적인 착취와 학대로부터 아동을 보호해야 합니

다. 아동에게 성관계를 강요하거나, 아동을 대상으로 한 성적인 사진, 동영상을 촬영하면 안 됩니다.

35조 인신매매와 유괴 예방
정부는 아동이 유괴를 당하거나 물건처럼 사고팔리거나 다른 국가나 장소로 끌려가 착취당하는 일이 없도록 해야 합니다.

36조 모든 착취로부터 보호
아동은 아동권리협약이 구체적으로 다루지 않은 그 밖의 모든 형태의 착취로부터 보호받을 권리가 있습니다.

37조 구금된 아동 보호
법을 어긴 혐의를 받는 아동을 고문하거나 잔혹하게 대우하면 안 됩니다. 아동에게 사형이나 종신형 등을 선고해서는 안 되며, 성인 범죄자와 한 공간에서 지내게 해서도 안 됩니다. 아동을 감옥 등에서 지내게 하는 일은 다른 선택이 없을 때 최후의 방법으로만 사용해야 하며, 그 기간도 가능한 한 가장 짧아야 합니다. 감옥 등에 갇혀 지내는 아동은 법적 지원을 받고, 가족과 연락할 수 있어야 합니다.

38조 전쟁 상황에서 아동 보호
전쟁 중에는 아동을 특별히 보호해야 합니다. 15세 미만의 아동이 군대에 들어가거나 전쟁에 참여해선 안 됩니다.

39조 회복과 사회복귀
아동이 다쳤거나 방임, 학대, 전쟁으로 피해를 입은 경우, 몸과 마음의 건강을 회복해 일상으로 돌아갈 수 있게 도와주어야 합니다.

40조 법을 어긴 아동
법을 어긴 혐의를 받는 아동은 정당한 법적 지원과 공정한 대우를 받을 권리가 있습니다. 이들을 사회의 건강한 일원으로 키울 수 있는 다양한 해결 방안을 마련해야 하며, 아동을 감옥에 보내는 일은 최후의 선택이 돼야 합니다.

41조 아동을 위한 최선의 법
우리나라 법이 아동권리협약보다 아동권리를 더 잘 보호하고 있다면 우리나라 법을 따라야 합니다.

42조 아동권리 알리기
정부는 모든 아동과 어른이 아동권리에 대해 알 수 있도록 아동권리협약을 적극적으로 알려야 합니다.

43-54조 협약의 이행
아동권리협약 제43~54조는 모든 아동의 권리를 보장하기 위해 정부, 아동권리위원회, 유니세프와 같은 유엔기구, 그 외 관련 기관들이 어떤 일을 해야 하는지 설명합니다.

출처: 유엔아동권리협약 해설 자료(유니세프한국위원회, 2020)